가을 삽화

2025

가을 삽화

이순동 시집

사이재

시인의 말

가끔 나는 잊고 산다
아무런 의미 없는 하루를 보내기도 하며 계절의 변화에도
반응이 없을 때가 있다.
『노을공원』 첫시집을 세상에 내놓은 지 벌써 7년 과연 나는 7년 동안 몇 편의 시를 낳았을까?
봄이면 봄이라서, 여름은 더워서, 가을은 궁상맞게 살아서,
겨울이면 춥다고 사랑하는 것들을 내려놓았다.
내려놓을수록 허전함이 몰려오고 몸살을 앓고 독감이 몰려온 듯 무기력하고 슬펐다.
그래서 틈틈이 비축해 둔 마음과 사랑과 계절을 엮어
『가을 삽화』 속에 수록하여 세상에 내놓을 생각을 했다.
초심을 잃지 않는 시인으로 남고 싶은데 과연 독자는 어떤
평가할지 무섭기만 하다.

                                  2025년 꽃 피는 4월에
                                  유달산하에서
                                  이순동

차례

가을 삽화

시인의 말

1부

항구 13
갓바위 14
구름 한 점 서럽게 지나가고 15
술의 기억 16
병실 삽화 18
습관 20
산책 21
목포항 삽화 22
언어를 조각하다 23
가자미와 오백원 24
언어의 파장 26
詩의 봄 27
유달산 연가 28
가을 여백 29
동백꽃은 피기까지 가슴앓이를 한다 30
기억의 통증 32
수선화 33

햇살 한 모금 34

2부

무기력 38
파도의 미소 39
곡선과 직선 40
별을 품고 쓰다 41
다락방 42
우리는 나그네 44
등대 이야기 45
커피 한잔에 떠오르는 얼굴 46
나의 바람은 고목에 심장을 불어 넣는다 47
인생이란 48
림프 치료 49
허적거리는 시간 50
모반의 온도 51
서산동 쥐포 공장 52
詩를 쓰고 가꾼다 53
목원동 옥단이 날개 54
자연의 역습 56
두건을 쓴 토스트 58
심연의 파장 60

3부

가을 삽화 63
낭송가의 독백 64
억새 66
가을과 겨울 사이에서 67
계절은 나를 끼워 넣는다 68
그래 맞아 우리는 나그네인걸 70
아버지 71
자연의 서사 72
너를 생각 할 때 74
삶을 풀어 놓고 75
소쿠리에 담은 가을 끝 76
윷판 세상 78
호남선 목포행 막차 80
기억 속 미련 81
과거에서 미로여행 82
2.5 대전의 서막 84
시간을 줍다 86
어둠의 서사 88

4부

창밖에 첫눈이 쌓이고 91
대반동 소야곡 92

북교동 돌담길 94

겨울이 쌓이면 96

기억의 기다림은 귀향하지 않는다 98

섣달그믐 100

몇 푼의 용돈 101

뭐 있어 "도" 아니면 "모"이지 102

어머니의 관절 104

재생공업사 106

연신내 추억 3 108

말. 말. 말 109

새벽을 여는 콩나물(죽교동 미로 골목) 110

비상을 위해 꿈을 쫓고 112

목련 113

풍치 114

집수리 116

김명관 고택(혼령의 소리가 들리는 듯) 118

해설
詩, 오직 그 하나를 위한 열망과 잔잔한 속울음 120
조기호(시인)

1부

항구

바람은 항구의 눈물이었다

동짓달 시린 칼바람도
일등바위를 스쳐 간 시간도
시퍼런 파도가 가슴에 스며들 때도
항구는
따뜻하게 세월을 품어냈다

달빛 속에
닻을 내린 배
파도에 춤을 추며
바람으로 날아
역경을 받아낸 어머니의 시간처럼

항구는
모질게 이별을 했고
숱한 바람에 나부꼈다

항구는
모든 걸 다 품어 주고도 부족한 듯
잔잔하게 넘실거린다

갓바위

잔잔한 바다
안개를 덮고
해풍을 꾸짖듯 나란히
두 남자는 갓을 쓰고 서 있습니다

세월의 풍화와 정오의 태양이
오랫동안 바위를
바람과 파도로
흠집을 내고 있었죠

수없이 운명을 빌고 빌어왔던 곳이죠

연대기를 모르는 물고기들만
유영하고 있습니다

그리고
두 남자가 서 있습니다

구름 한 점 서럽게 지나가고

바람이 지나간 곳에
미련이 남아 있는 것도 아니었습니다

눈물이 흘러 고인 곳에
그리움이 쌓여 있는 것도 아니었습니다

세월은 그저
구름 한 점처럼 서럽게 지나가고
가로수 가지마다 애처롭게
늙은 미련만 한잎 두잎 떨어질 뿐이었습니다

낙엽이 쌓여 있는 곳에
그대가 보이는 것도 아니었습니다

흰 눈이 쌓인 곳에
그대 흔적이 남아 있는 것도 아니었습니다

세월은 그저
휘날리는 눈처럼 서럽게 흩어지고
별이 없는 하늘이 애처로워
나는 늙은 유행가도 가끔은 부르고 있습니다

술의 기억

황야를 지나온 사람들이 문으로 들어간다

지평선에 차오르는 달이 흐릿하게 보이며
열기를 재우는 밤은
무의식처럼 문턱을 넘어
이리저리 빈 의자를 찾아 서성이고 있다

열기에 달궈진 불꽃과 벽에 숨죽인 모형들이
잠시 머물 자리를 내어주면
하루 동안 광활한 열풍에 지탱하던 두 다리와
혈관까지 검게 그을린 사람들은
잔이 비워질 때까지 함부로 나갈 수 없다

우리는
불빛에 갇히어 헤어날 수 없고
의자와 탁자 사이에 각 표정이 웃고 있다

오늘을 잊고
일정하게 돌고 있는 분침
창백한 별들의 고요보다
유행가 소리에 우리는 아침을 기억하지 못한다

분명 오늘은 어둠이 밀고 갔는데
문밖을 나서면 아직 별들은 취하지 않았다
그리고 나는 새벽을 기억하지 못한다.

병실 삽화

매일 똑같은 시간
음침한 불빛들
언제나 복도는 늘 겨울 같다

카트를 밀고 들어오는
앳된 미소를 짓는 간호사
버튼을 눌러 각 체온을 검침한다

정상입니다. 약간 높아요. 좋네요.
두루 돌며 한 마디씩 던져놓고
문을 열고 사라졌다

C코드의 병실마다
각자의 언어들이 투쟁적 열변을 토로하고 있지만
무심한 달은 창백한 모습으로
숱한 언어의 슬픔을
잘게 나누어 혁명가의 슬픔을 토닥이며
창밖 열대야를 식히고 있다

잠 못 이루는 시간
불빛이 하나둘 커지는 음침한 끝방에서
트랜지스터 소리는

옛날 노래를 혁명가처럼 부르고 있다

못다 푼 푸념들이 가득한 여름밤
어차피 나도 따라 불러야
시간이 간다

습관

익숙한 번호와
낯선 메시지가 액정 속에서 빨갛게 익어 있다

눈을 뜨면 손끝으로 열람하고
손끝으로 삭제하고
화면을 보며 매일 습관처럼 반복한다

어제 무심코 휴지통에 버린 숫자를
불현듯 생각이 나서
손끝으로 번호를 뒤적이고
무섭다는 이유로 버린 이름 속에
나를 본다

매일 밤
반복되는 숫자와 이름을 지우다
아침이면 나는 누구에게
지워지는 이름이 될까 두렵다

산책

나는 아침이면 거리에서 사람들과 마주친다
눈인사하고 커피를 마시고
차에 올라 달리다 보면
태양을 산책로 중간쯤에서 만나게 된다

태양이 나와 매일 만나는 시간
오전은 길지가 않고
햇볕은 따갑고 분침은 정오로 향했다

적절한 단어들과 나는 숲속을 해적이다
의자에 앉아 문장을 생각하면
피곤한 도시가 눈치를 살피듯 고요하다

산책로를 내려오는 시점
바람이 먼저 집으로 들어갔다

정오를 가리키는 시곗바늘 아래
일렬로 하얀 알맹이들이 고개를 든다
한숨이 매일 느린 속도로
태양을 먹는다

목포항 삽화

봄비에 너울거리는 바다

목포의 눈물 노래에
춤을 추듯 파도만 출렁이고
갈매기가 사라진 항구는
깃발들만 희미하게 바람에 나부끼고 있다

어머니의 눈물로 채워진 바다
그래서 더욱 짠 바닷물이 하얗게 타버려
멍에로 가둔 세월의 기억의 조각처럼
돛대가 솟아 흔들리고 있다

수많은 파도의 습관처럼
오고 가는 세월
행간으로 늘어진 낡은 배들이
항구의 문장을 만들고

낡은 어구에서 지독한 디젤 냄새가 풍겨도
바다로 돌아가는 어부처럼
내 고향 바다에
늦은 봄비가 내리고 있다

언어를 조각하다

나는 한 편의 시를 쓸 때
언어의 조각 몇 점과 낱말을 모아
고리로 엮어 수사로 만들어도
시가 되지 않았다

딱딱한 단어와 살가운 낱말은
한 권의 시집처럼
입으로 오르내리는 논쟁의 불씨가 되고
수없이 의구심을 갔고
아무리 오랜 시간 공을 들여도
진한 맛이 안 났다

단어 속에 몇 겹의 낱말을 앉히고
숱한 조각의 시간을 조절하며
언어의 무게를 진하게 우려 내야
비로소 하나의 시(詩)가
맛을 냈다

오늘도 식히고 데우기를 하면서
한 권의 시집에
나의 삶이 앉는다

가자미와 오백 원

찬 바람 인왕산에 불면
외줄에 매달린 하얀 가자미가 눈을 뜬다

밤새도록 눈 맞으며
꼬리에 붙은 긴 고드름이 햇살에 녹아
떨어지는 물방울 속에는 어머니
눈물도 섞여 있었다

아침이면
꽁꽁 얼어붙은 손으로
잘 다녀오란 듯
영롱한 눈빛으로 쳐다보던 기태는
종례 시간 종이 울려도 보이지 않고
발목을 잡아버린 가자미와 종일 씨름을 하다

애국가가 무악재 넘을 때
대나무 소쿠리에 가득 가자미를 담아
버스를 타고 남대문 시장 노상 좌판에 내려놓으면
오백 원 주시던 기태 어머니

가자미 소쿠리를 어깨에 얹어

154번 버스에 탔던 날들을
나는 가끔 생각이 난다

언어의 파장

나는 흠집을 낼 때
언어의 날개를 묶어두고 싶어 합니다

오랜 습관처럼 징징거리며
귀를 쫑긋 세우고
싫증이 나면 쌓여 있는 신뢰를
쓰레기처럼 버립니다

돌이켜보면
생각의 차이 또는 감정의 대립으로
차곡차곡 흠집을 쌓게 되는 거죠

삶의 한 토막의 결정화처럼
먹물을 붙듯
멈추지 않는 역사처럼
늘 유동하는 언어를 접하죠

언어의 날개를 휘저으며 상처가 나고
접으면 신뢰를 쌓는 일이 아닐까요
눈이 내리는 소리를 듣지 못하였기에
설경의 의미를 배워가는 중입니다

나는 아직 언어에 날개를 달고 있습니다

詩의 봄

한동안 잠잠했던 거리가
또다시 술렁이기 시작했다

왜냐고 묻지 않아도
때가 되면 연어가 고향을 찾듯
팝콘이 툭툭 터지는
멜라콩 다리 위를 거닐 때
들리던 기적소리도 관계가 있어 보인다

시간은 언제나 흔적을 남기며 돌아가고
술잔에 가득한 꽃향기가 탁자에서
서정을 논할 때
비로소 열차는 바다를 달려야 했다

심연의 지느러미가 산란을 위해
동목포역을 출발하면
봄과 시간 사이에 필연은
시(詩)로 남아 한 권의 시집이 된다

유달산의 연가

굽이치는 고하도 용머리에
선을 긋듯 긴 여운을 남기며 파도는
쉼 없이 부딪히고 있는데
해거름 때쯤 만나자던 사람은
지금껏 소식이 없고
바다만 바라보는 바람도 무심하다 하였다

유선각에서 그저 넋 놓고 앉아
섬들만 바라보다

내려오는 길 내내
꽃샘 때문에
눈가에 아쉬움만 남고
돌아보니
동백꽃은 한숨으로 툭 툭 꽃잎을 내려놓는다

가을 여백

심장 깊숙한 곳에서
하루 이틀 느끼는 것은 아니었다

성장기 아이처럼 불만이
가득한 가을 오면
허물을 벗는 나는
탈출구가 필요했다

붉은 립스틱 같은 낙엽
깊은 잠에서 깨어나
뜨거운 눈물로 산사에 떨어지면
고독은 늘 내 주위를 벗어나지
못했다

내일은
새장에 넣어둔 발이라도 꺼내어
기차를 타고
구름 뒤 여백을 놀 빛으로 채우러 가야겠다

동백꽃은 피기까지 가슴앓이를 한다

동백나무에 동백꽃이 붙어 있다

눈 뭉치를 머금고 있는 꽃은
긴 겨울이 녹고 있는데
꽃잎이 시릴 만큼 붙잡고 싶은 건지
붉은 꽃은 아주 적게 보이고
파란 잎은 무게를 줄이고 있다

눈송이가 숨겨놓은 피지 못한 꽃망울이
모질게 지켜온 감정이라면
돌아올 봄은
새들의 놀이터가 되고
나는 나의 아픔을 한 겹 한 겹 벗어야 했다

운명은 어차피 나의 계절을 그냥 두지 않겠지!
속살을 봐야 하는 음욕 한 눈동자는 분명 사람들 누가 됐던 관심은 없다 어차피 옷은 무게이고 겨우내 시린 마음을 알지 못하지 봄은 눈 속에 갇힌 설움을 숨길 수 없어 모질게 마음을 견디게 했던 눈이 따뜻한 햇볕에 흘러내린다

냉기가 사라지면

설렘은 입꼬리가 올라가고
동백꽃은 붉게 피어나 견딜 수 없는 한낮을 맞이했다

겨울 동안 견뎌야 했던 시간
눈은 흘러내리고
상처와 시린 봄꽃이 툭 떨어져
마음을 아리게 했다

기억의 통증

한 번쯤 뒤돌아보지 않은 이들의 가슴은
텅 빈 거리에 마른 잎 같다

과거를 기억에서 지운 사람은
잠들면 늘 낯 모르는 사람과 다투고
깜깜한 모퉁이에서 흐느끼며
솟아오르는 태양의 흔한 일출도
어둠으로 이어지는 백색의 아침 같다

기억의 통증을 잊은 거리마다
빨갛게 붙은 낯선 이름이 따라다녔다

기억을 재생하는 바람은 쉽게 불지 않고
한 번씩 나를 잃을 때마다
도취와 나누는 결점이 남고
꿈속에 비명들은 소름이 돋는 과거로 남아
순례처럼 홀로 사막을 걷고 있다

기억의 바람이 꿈틀거릴 때
뒤돌아보는 과거가
나를 바짝 끌어당겨 안고 있다

수선화

수줍은 듯
돌담 밑 그늘진 틈새로
돋아난 풀잎과 들꽃이
햇살을 만나 무대를 만들었다

초원은 바람과 함께
연출하였으며
관중 앞에서 너는 미소를 짓고
빛 향한 애절함을 토로하였다

숱한 날
나르시스의 넋을 달랬고
어느 사랑이 떠나가듯
너는 내 마음을 가져가 버린
꽃이 됐다

햇살의 소리

햇살이 목련꽃에 앉아 미소질 때
나는 커피 마시며
빛바랜 사진 같은 얼룩진 일기장을 보듯
과거 속으로 빠져들고

베토벤 운명 교향곡보다
조잘대는 참새 소리가 가끔은 그립고

훈훈한 바람이
소리 없이 꽃을 흔들면

웃다 울다 한
잡초가 숱한 시련을 견디고
솟아오른다

담장 넘어 완행열차가 풍금 소리와
함께 커피를 마시러 왔다

2부

파도의 미소

바다는 바람으로 파도를 만들기를 좋아합니다
파도의 소리로 시작된 물보라가
밤새 갯가를 헐었고
거친 파도는 섬의 모습을 만들었죠

부초는 바닷물에 헤적일 뿐
높이를 가늠할 수 없는 파도가 부서지면
바람 소리가 들립니다

파도 사이로 빠져나가는 새들 바라보다
기억도 잊은 당신 미소가 떠올랐고
지금 창밖은 따사로운
바람의 잔기침만 가끔 불고 있습니다

흔들리는 배 속에서 홀로 휘청 이는 몸으로 세상을 봐요

그래야 부드럽게 멀미를 밀어내고
기억과 바람의 미소를 구분할 수 있습니다

햇빛으로 조용히
세상을 옮겨 놓을 수 있는 바다는
삶이 숨 쉬는 목포입니다

무기력

매일 변하는 달을 보면서
달의 뒷면을 생각하고
숨쉬기조차 버거운 날들이 온몸을 짓누른다

모르는 사람이 낯설게 거울 앞에서
지루한 표정으로 쳐다보고
나를 구금하는 것들로부터
벗어날 핑계를 생각한다

매일 밤
비를 맞으며 잠들고
눈을 뜨면 감기가 온 듯 춥고
열은 다음 단계로 넘어가는 외로움일까

어쩌다 낮달이 보일 때
책장에서 앨범을 꺼내
지난날들을 들춰보면 모두가 웃고 있다

나는 집과 너무 다른 색으로 느껴지며
낯설게만 보이는 모든 것들이
의미를 모르고 지나갈 때 오는 무력감처럼

한 번쯤 누구나 앓고 지나가는 것이
나에게도 오고 있음을 느낀다

곡선과 직선

하늘에 해가 오를 때
여과 없이 곡선을 긋고 떠오르는 모습은
직선보다는 한결 부드럽다

곡선은 절망적 상황에서도 온유하며
바지랑대가 휘어져 못쓰게 되는 그런 참담함도
융통성 있게 잘 견디며
또한 나태해도 싫다고 말하지 않는다

직선은 반듯하게 그어지거나
팽창시켜 긴장감을 조성하며
여유도 없이 살아야 하기 때문이다

가끔 늘어진 선을 팽팽하게 만들다 보면
세상의 무게를 감당할 수 없고
평평하게 할 수 있는 마음마저도 상실한다

모든 것이 직선일 때보다
둥글게 곡선으로 어울리며 살아가야
마음에 여유가 있다

별을 품고 쓰다

분침은 온종일 돌다
어느 순간 나의 눈과 마주치지
그리고 가볍게 돌기 시작했어
나는 하나의 별을 품고
엎어져 있던 랜덤 박스를 일으켜 세웠다

어둠 속에서 탁탁 자판을 누르며
늘 나의 광대는 화장 위로 웃다 울고
과대망상에 걸린 사람처럼
하늘에 매달린 별에 오르기 위해
똑같은 무대에서
똑같은 공연을 해댔다

눈앞에서 사라지는
골치 아픈 행성들에 시달리며
나는 알람이 울릴 때까지
막을 내릴 줄 모르고
자판을 탁탁 누르는 흠이 생겨났다

그런 날이면
나는 한 개의 별을 품고 잠이 든다

다락방

다락방을 열 수가 없어요
자물쇠로 잠근 지 수십 년인데
열쇠를 찾는 일도 하지 않았답니다

아무도 모르는. 내가 숨겨 논. 그래서 더욱 아픈
극히 어둡고 조밀한 곳이죠

가끔 산소를 조금씩 넣어 연명을 시키고
투영하면 마음이 서글퍼집니다

어느 날 꿈에 나타나면 어떻게 해야 할지
감정의 질량을 조금 빼야 하는지
수소만큼 울어야 할지 감이 안 옵니다

아득히 먼
기억을 헤집어 하나둘 생성을 하다보면
가끔 고래는 잠에서 깨어
나를 내려 보고
새벽에 눈을 뜨면
천장이 낮아 더 멀리까지 기억할 수 없습니다

그래서 나는 연중행사처럼
일 년에 한두 번 산에 오르면
술 한 병 놓고 잡초도 깔끔하게 깎아드리죠
그래도 가시지 않는 지독한 연민
지금도 나는 작은 다락방을 비우지 못하고 있습니다

우리는 나그네

눈동자는 늘
관심이 없는 듯
일상처럼 세상을 보며 깜빡일 뿐이었다

쏟아지는 햇볕이 너울처럼 밀려와
일기예보보다는 더 빠르게 와 닿는 열기가
그늘막 없는 삶으로 다가왔다

우리는 구름에 길들여진 인생처럼
능숙하게 적응하며
예민하면서도 어디로 가는지 모르고 있다

주인이 될 수가 없는 세상에서
하늘과 구름을 사랑하다
자연 속에서 그저 나그네로 사라진다

등대 이야기

바람이 등대를 지나간다

여느 때처럼 파도가 시간을 잘게 부수고
밤 배가 툭툭 물방울 띨치면
핑계로 서럽게 눈물도 흘린다

누구도 알아줄 리 없는 곳에서
홀로 세월과 다투며 살아가고
파도가 거칠게 부서지면
그저 깜빡 깜빡일 뿐
묵묵히 바다만 지키고 서 있다

차오른 섬들과
전설이 내력으로 출렁이며
삶이 오갔던 바다
파도와 바람이 절벽을 만들고
너울은 긴 문장을 남겨 문학이 되었다

갈매기가 하늘을 날고
바람은 밤에 생겨나는 자연적 선물
불빛은 하나의 의무였고
파도는 기나긴 시간 쪼개어 다녀갔다

커피 한 잔에 떠오르는 얼굴

구름 사이로 바람이 지나가고
딱새가 둥지를 짓는 숲속에
철없는 비가 내리기 시작했다

창문을 두드리는 바람
앙상한 나뭇잎을 흔들고
몸부림치는 거리는
매서운 동장군의 미련을 지우고 있다

들꽃과 하얀 목련 사이에
점 하나 찍다가 이름을 쓰고
유리창에 얼굴을 그리다
보고 싶다고 썼다

커피 한 잔과 봄 사이에는
그윽한 꽃향기가 추억이 되고
유달산을 적시는 봄비는
지워지지 않는 그녀와의 시간을 적신다

나의 바람은 고목에 심장을 불어 넣는다

고목 사이로 바람이 지나간다

날마다 스쳐 가는 바람
낙엽을 툭툭 떨치고 가는 날은
핑계로 서럽게 눈물 흘리고
예견된 계절이 와도
의젓하게 가지를 붙잡고
누가 알아줄 리 없는 산중에서
자연과 나뭇잎은 다투며 살아가고 있다

의미를 잊어버린 가지에서
그네를 타던 새가 하늘을 난다

나의 이별은 꼭 가을에 이루어지는 행사였고
바람은 다음 단계로 이어지는
따뜻한 햇볕이 된다

자연은 죽어가는 속도를 늦출 수 없듯
나의 기다림은
습관적으로 밤에 생겨나는 선물처럼
나는 고목 안에 심장을 넣어본다

인생이란

언덕을 오를 때까지
거친 수풀 속을 헤치며
살을 에는 바람 불어도 춥지 않고
평탄치 않은 들녘을 걷는 동안
지칠 줄 모르고 왔다

넓은 하늘은
여백으로 채워가는 석양빛과
태양을 뒤따르던 구름으로 가득하였고
언덕으로 가는 짧은 시간
아쉬운 미련도 아직 남아 있다

세월은 인생이란 삶을 열어
사는 동안 지는 해를 볼 수 없게 하였고
언덕을 오르고 보니
참 많은 꽃이 어우러져 살고 있다

림프 치료

무거운 마음을 두 다리로 지탱하고
쌓인 사념을 잊으려 요람을 찾아왔다

독성으로 중독된 지금
삐거덕거리는 몸뚱이를 다스리려
행으로 이어진 침상 누워
미래를 쌓으려 마디마디 아픔을 견디며
구걸하듯 신음을 토해낸다

늘 쌓기만 하는 광대로 살다
돌아보지 못한 세월

나는 당신의 손끝 마술에
서서히 중독되어 가는 중이고
빈틈을 살짝 보여주며
미래를 쌓기 위한
마디마디 예술에 심취해 버린다

허적거리는 시간

상자 속 모서리에 오래된 기억이 있다

오랫동안 비우지 못해
달이 잠들면 한 번씩 만나곤 한다

어쩌면
남아 있는 미련을
비울 수 없기에 숱한 그리움만 쌓였고
꿈과 어둠이 친하다는 것을
알았을 때
돌아선 그녀의 뒷모습이
꼬리를 물고 있다

숱한 밤이 올 때마다
꿈은 허적거리는 시간으로부터
기억을 잃어가는 것인가

나는
조금씩 늙어가는 것을 느끼고 있다

모반의 온도

빗물이 뭉치면 무섭게 모든 것을 쓸고 갑니다

거대하게 덮쳐 오는 물이 악마처럼 지나가는 모습을 처음 봅니다

감지 못하는 눈
작은 온도의 차이가 거대한 강을 만들고
공포에 도가니 속으로 몰아넣죠

차마 눈 뜨고 볼 수 없는 거리
한낮의 눈물을 쏟아 내며
사람들은 강을 절망의 눈으로 봅니다

가끔 보이는 맑은 하늘
온도의 작은 차이가 강을 움직이며
환경의 분노가 절망을 만들었습니다

모든 걸 잃어버린 도시
멀리서 들려오는 한숨 섞인 포효
지구라는 행성은 반란을 도모하는 중입니다

서산동 쥐포 공장

햇살이 누운 선창
기억을 찾아 여행을 한다

서산동 이곳에는
무너져버린 삶을 한 계단씩 쌓아가는 사람들이
격동기를 허기로 허덕이고 있고
눈만 뜨면 빈곤과 절박함 사이에 앉아
널빤지에 쥐치를 올려놓고
각기 다른 삶을 손아귀에 쥔 작은 칼로 양면을 발라
낡은 그물 건조대에 올려졌다

태양이 태양의 물결로
하얗게 누운 속살을 어루만지는 희열
맑은 공기 속 말라가는 향기가
담장을 넘어 부둣가에 쌓였었다

지금은
낡은 건물에 둘러싸여서 흔적을 찾을 수 없는 곳
낯선 눈동자는 이리저리 돌아다니다
어김없이 해가 기울 때쯤
선창가에서 내가 할 수 있는 일은
잊힌 기억을 찾아내서
실낱으로 엮어 유영하는 것이었다

詩를 쓰고 가꾼다

꽃들을 가꾸고 있어요
달력에 기념일을 표시하듯 점검하며
매일 노력 합니다

밤이 되면 달맞이하고
새벽에 일어나 밤새 몸살을 앓은 시든 꽃은
쓰레기통에 집어넣고
건실한 꽃에 물을 주며 아름답게 만들려고
애쓰다 보니 가끔 쓸모없게 됩니다

그런 날이면 나는 목포 앞바다로 나와
파도로 바람을 만들다
밤이 되면 집으로 돌아와 또 시름을 하죠

시들어가는 꽃을 보면 안타깝고
가끔 서글픈 냄새가 나고
핀 꽃을 보면
반성하기에 알맞습니다

가끔 표시해 놓은 달력을 들춰보며
빼곡히 적힌 날들이
칸을 넘어 얼마 남아 있지 않았음을
상기시켜 줍니다

목원동 옥단이 날개

갯바위에 부딪혀 무너져 내린 파도의 눈물이
흩어졌다 모여드는 정오
말발굽 같은 소리가 영혼을 깨우고 있다

골목길을 누비던 그녀는
눈을 뜨면 두 어깨에 날개를 달고 날갯짓하여도
날 수 없는 한 마리 새였다

괘종시계에 달린 추처럼 무거운 삶은
물동이에서 결이 칠 때마다 넘치는 허기였을까

가끔 힘들 때
가슴속 깊이 간직한 하모니카 꺼내어 불고
동네를 돌면
개구쟁이들의 비웃음이 되었다한다

거친 손은 한 겹 얼음을 얹어 갈라진 논처럼
그녀에게 겨울이 왔다는 건
두꺼운 손마디가 붉게 멍들게 하는 계절이고
해진 치마를 펄럭이며 억눌린 한은
궁둥이 춤으로 풀어내며 이겨내야만 하는 아픔이었다

가마니 속 시신으로 남아 있던 마지막 모습
기록 없는 강점기에 산역 하는 사람들을 통해
구전으로 전해오며 아픈 수수께끼로 남았다

자연의 역습

물이 뭉치면 무섭게 모든 것을 삼키고 갑니다

거대하게 덮쳐 오는 물이 누군가는
처음이라고 말하더군요

흰 거품이 꽃을 그립니다
안개 집은
너울이 밀려와 거품으로 사라집니다

모래주머니를 차곡차곡 쌓아놓은 집 앞
급격히 차오르는 거대한 물
눈 뜨고 차마 볼 수 없는 거리는
한낮의 눈물을 쏟아 내며
창밖의 사람들은
가을 강을 절망의 눈으로 봅니다

안경 너머로 가끔 보이는
맑은 하늘
한남노의 분노가 냉천을 움직이며
절망을 만들었습니다

모든 걸 잃어버린 도시의 눈물
가끔 보이는 석양
멀리서 들려오는 깊숙한 포효

가을 냉천은 한없이 우는 중입니다

두건을 쓴 토스트

모세혈관을 비집고 불빛에 그은 피부에서
소나기 같은 방울이 뚝뚝 떨어지면
철판에 누운 식빵 위로 열기가 솟는다

미소를 뜨겁게 달궈내는 인내와
밤을 휘어잡을 듯한 두 손
노란 진액으로 뭉친 소중한 삶들이 줄지어
좁은 공간에 모여 있다

안경 너머 뜨겁게 익어가는 시간은 36.5°의 한계치

불빛에 모여든 이방인들의 그림자가
온도를 탐닉하고
어둠과 공간 사이를 이동하는 작은 생명도
더해지는 열기에 해적일 뿐
두 장의 뜨거운 세상을 아무도 모른다

달이 지나가는 것과 기다림의 미학은
끝날 것 같지 않은 전쟁이라면
목에 두른 수건은
시간의 여백을 닦아내는 삶의 무게가 아닐까

주인장은 봉지에 담긴 토스트를 쓱 내밀었다

심연의 파장

누구도 찾지 못할 곳에서
'나'를 찾고
살기 위한 몸부림으로
'등'을 굽히며
비상을 위해 끝없이 나는
'지느러미'를 흔들어 댔다

심연 속 작은 파동으로 시작되는 것
입술은 찢어지고 살결 터지는 시간 속에
눈물 한 방울에 내재된 깊이가
내 절규처럼
파도가 쉼 없이 왔다 가지만
검은 사실 감추고
늘 곁에서 밀려왔다 밀려간다

때론 장난스러운 바다
어쩌면 고요는 한낮 사치스러운 휴식
오늘 나의 운명은 바다의 몸부림처럼 시작됐다

3부

가을 삽화

유달산 입구 화단에 국화꽃이 피어 있습니다

피지 못한 꽃과 상처 난 손끝이
맥없이 말라 갑니다

몇 송이의 꽃들은 계절풍은 피했지만
오가는 사람들이 가끔은
숨을 멈추게 합니다

화단의 끝에서 숨죽이고 있다
몰래 핀 국화 뒤편에 목포역이 있습니다

끝자락 시린 가을이 손을 내밀고 있지요

서서히 말라 가는 국화꽃은 화단에서
고개를 떨구다
하얀 그림으로 남겠죠

낭송가의 독백

한 편의 시와 차 한 잔 사이에 있습니다

천천히 심해 속으로 빠져드는 감정을 다스리며
한 장의 시집을 넘길 때마다
빛바랜 추억들이 주마등처럼 스치고
작은 간이역에서
윤동주 시인을 만나 별을 헤다가
김소월 시를 읽습니다

나의 탁자 위에 비가 내리고
간이역은
희미한 추억들로 서성거리며
나는 고독한 시인처럼
오늘도 한 장의 시를 먹고 있습니다

어느 유명한 가수가
한 곡의 노래를 수천 번 연습을 하고
수천 번 운다지요

나 역시
수백 번 감정을 먹고 수천 번 단어를 먹으며

틈틈이 시를 먹습니다

어느 날 나는 무대 위에서 광대 옷을 입고
광대처럼 수줍음을 숨기며

어느 시인의 시를 독백을 하다 보면

나는 투명 인간이 됩니다

공연이 막을 내리면
열차가 국화 앞에서
요란한 기적소리를 울리며
한 편의 시를 잉태하는 시인처럼
나도 한 편의 시를 먹으며
또 다른 간이역으로 한 장의 시를 넘깁니다

억새

바람 불면 슬피 우는 으악새
슬픈 곡조를 한 번도 들은 적 없는
들녘에 핀 이름 모를 꽃에 이름을 짓듯
너를 보고 싶을 때 너를 부르다 지친 것처럼

바람에 기우는 것과
미로에 갇혀 빠져나올 수 없는 가을 속에서
너를 붙들고 있는
어쩌면 바람은 외로워서 다가왔고
그래서 바람 불면 슬픈 바람이 되고 마는 것인가

있는 그대로 보이는 대로
부리도 없고 날개도 없는 하얀 새

서글픈 이야기가 떠돌다
어느 산골에서
바람을 기다리다 불이 꺼질 때쯤
잊지 못하는 기억들이
깊은 산속에서 누군가를 기다리다

그리움에 젖어 밤새 슬피 운다는 으악새

가을과 겨울 사이에서

나의 가을은 겨울로 들어가는 중이었다
서리가 내려 이전의 기억을 잊은 낙엽들이
바스락거리며 웅크리고 있다

가을을 안고
미련 때문에 가을을 놓지를 못하고
어느 작가의 부재처럼
바람이 돌아올 때까지 떼를 쓰다
내 몸속의 가을은 늘 북풍에 가까워지고
그저 냉기만 존재한다

흐르는 별들이 창문으로 쏟아지고
바람은 수없이 불어
차곡차곡 낙엽만 퇴적이 되고
수많은 사람이 시인처럼 가을을 먹는다

나는 오늘도
바람이 되고. 별이 되고. 술잔이 된다

잊기 위해 다시
누군가를 기다려야 하는 밤처럼
차가운 거리에서 휘파람을 분다

계절은 나를 끼워 넣는다

나는 계절에 맞추어 살던 때가 지나갔다
계절은 나를 끼워 넣었다

햇볕이 스미는 거리에서
벚꽃이 쏟아지는 4월이 나를 끼워 넣으면
휘날리는 소리처럼
울지도 웃지도 못하고 늙어가는 나를 보고
소리 없이 봄은 나를 끼워 넣었다

검게 그을린 그림자를 따라서
백합꽃 향이 쏟아지는 6월이 나를 끼워 넣으면
하얗게 선이 그어진 늙어가는 손등을 본다
고개를 숙이는 소리처럼
태양은 소리 없이 나를 여름에 끼워 넣었다

바람이 불어오는 들판에서
코스모스 향이 쏟아지는 9월이 나를 끼워 넣으면
저기쯤 늙어가는 황혼이
고개를 숙이는 소리처럼
드높은 하늘이 소리 없이 나를 가을에 끼워 넣었다

이렇게 계절이 소리 없이 나를 끼워 넣으면
늙어가는 모습에서 늙은 소리를 듣고
나는 떠도는 시인처럼
노을이 질 때 인생을 넣었다

그래 맞아 우리는 나그네인 걸

자연은 계절로 구분되고
그걸 느끼며 우리는 살아갑니다

세월 속에서 살다 보면
언어들이 쏟아지고 조잘거리며
서로 다른 생각에 빠져들고
말이 필요할 때
우리는 핑계로 삶을 탓하죠

시간은 바람처럼 흩어지며
세월은 흩어진 바람을 모아 인생을 만들었죠

비와 바람 달
그리고 태양 중
어디에 속해 살아왔을까요.

거짓과 진실
반반 나뉘어 쓰고 있는 우리는
발자국만 남기고 지나가는 여행자가 아닐까요

아버지

당신이 어느 곳에 계시든
다 밤으로 가고
어둠은 시작과 끝을 이어주는 고리가 되고
고리는 별과 불빛 사이에 빛나는
달이 되어 있었습니다

매일 똑같은 조건에서
실행하는 일들 사이에 고단함도
나태할 시간도 없는 당신

어두워지면 빛을 위하여
매번 초인종을 누르고
뿌연 먼지 속에 종일 버석거리다
집으로 돌아와도
늘 절반의 꼬리는 두고 왔습니다

당신은
어둠과 방바닥에서
매일 끙끙 앓다
새벽이면 아무도 모르게 나가셨습니다

자연의 서사

먼 곳에서 서리가 반짝이고
마른 덩굴 사이를 빠져나온 햇살
너테를 녹이고 있다

계절은 늘 노숙하며
봄으로 가는 길목에서 멈춰버린 나는
흐놀다에 빠져 버린다

깊게 팬 도랑에서
모락모락 아랫목 같은 따스함이
세상을 녹이면
새밭 지나 숲정이에는
새가 날아들고

훈훈한 바람 불면
매화나무 졸가리 싹 틔우는 일이겠지

어머님 품속 같은 봄은
신상에 붙은 택이라 고할까
느낄 때마다 새 옷처럼 화사하게 다가선다

*너테: 얼음 위에 더끔더끔 덧얼어 붙은 얼음
*흐놀다: 무엇을 몹시 그리어 동경하다
*새밭: 억새가 무성한 밭
*숲정이: 마을 근처에 있는 수풀
*졸가리: 잎이 다 떨어진 가지
*택: 옷에 붙어있는 상표

너를 생각 할 때

거센 바람은 아니었지
잔잔히 밀려오는 파도처럼
기억은 언제나 똑같은 생각을
가끔 흔들고 있어

몽상과도 같은 노을 볼 때면
세월은 왠지 야속하고
널 꺼내 보지만 않았어도
설렘도 없었을 거야

모나리자 보면서 웃는 건
삶의 한 모퉁이를 돌 때마다
잊고 지내왔다는 거짓말처럼 오랫동안
바쁘다는 핑계라 생각해

어느 들녘이나
한적한 길섶에 피어난 코스모스가
너라는 걸 알았을 때
나는 가을 옆에 앉아 시詩를 쓰며
여유롭게 너를 생각할 거야

삶을 풀어 놓고

모퉁이 돌면 그녀의 멋진 집이 있다고 했다

돌고 돌아서
멈춰선 그곳은 허허벌판과 한 줄기 빛이
광활한 대지 위에서 빌딩을 이루고 있었다

한 모퉁이를 돌 때마다
한 줄 그어지는 배신과 동반되는 절망의 시간 속에
허우적거리다

또 다른 모퉁이에서 사랑도 했었다

한 손에 쥐어진 삶을 풀어 놓고
땀으로 얼룩진 손금 사이로 길게 늘어진 선들은
험한 인생길 자화상으로 남았고
또 다른 한 손을 펴보니
수많은 골목길과 모퉁이 사이에 그 멋진 집이 있었다

단. 명패에 쓰인 이름은 허무였다

소쿠리에 담은 가을 끝

햇살 한입 베어 물면 가을인가 싶고
새가 지적일 때
지는 석양 바라보면
단풍도 곱게 물들어 있다

멀지 않은 곳에서
바람이 아프게 올 줄 몰랐고
붉게 흔들리던 가을이
서럽게. 아프게. 떨어졌다

나는 소쿠리에 아쉬움. 그리움. 추억을 담아 놓고
육십 평생 중 절반을 살아왔다

지쳐갈 때쯤
놓아 주는 것도 필요했지만
나에게는 단 수식어가 붙어야 했다
이별은 계절을 떠날 때
슬프다는 말과 서글프다는 말
그런 아픔을 아름다운 기억이라 생각할 때

비로소 나는

가을이면 나를 끼워 놓고
단풍으로 너를 보낼 수 있었다

윷판 세상

매일 우리는 그어놓은 사각의 선 안에서
살아가는 모습을 찾습니다

우리는 절룩거리며 바람을 만들고
돌아보며 천사의 쓴 미소를 생각하고
짐승의 눈과 마주하면
도살하기 좋은 날을 기념일이라 생각합니다

그래서 매일 쫓기거나 죽이거나 하면서 살아가고 있습니다

오늘도 우리는 뒤틀어진 세상을 종기 속에 담아
빙빙 돌려 던집니다
바닥에 엎드리거나 누워 하늘을 보며
짐승들은 포효합니다

매일 죽어야 사는 짐승을 애도하는 곳
네모 안에서 험한 세상을 질타하고
네모 안에는 요행이 있고
네모 안에서 죽어야 사는 우리는
천사의 미소와 악마의 미소로 반반 바람을 가릅니다

가끔 순사가 순찰하는 황혼이 깃든 광장
오늘도 돼지, 개, 양, 소, 말이
죽이고. 살아가고. 울고. 웃는 하루가
평행으로 지나갑니다

호남선 목포행 막차

도시와 막차의 사이는
언제나 쫓기는 시간이 존재했다

만남은 길게 누운 그림자처럼
꼬리를 물고
발목을 잡던 얼굴들이
차창 밖으로 스친다

설렘이 무너지고
이별은 어둠과 별을 헤치며
저 들녘 거푸집으로 들어가는데

짧은 순간
별은 뚝 뚝 떨어져
철길 위에 누워 있다

기억 속 미련

상자 속에는 오래된 기억이 있다

오랫동안 비우지 못해
달이 잠들면 한 번씩 만나곤 한다

어쩌면
남아있는 미련을
비울 수 없기에 숱한 그리움만 쌓였고
꿈과 어둠이 친하다는 것을 알았을 때
돌아선 그녀의 뒷모습이
꼬리를 물고 있다

숱한 밤이 올 때마다
꿈은 허적거리는 시간으로부터
기억을 잃어가는 것인가

나는
조금씩 늙어가는 것을 느끼고 있다

과거에서 미로 여행

과거를 찾기로 했다

과거는 문을 닫지 않았다는 현실이 들뜨게 하고
돌계단 위에서부터
내가 아직 살아보지 못한 과거가 번져 있다

현실 속에서 살아 있는 송도 77
돌계단 끝은 잔상이 얽히고 설켜져 있고
과거에서 벗어날 수 없는 신사가
미로 속에 갇혀 미라가 되어 있다

참혹했던 비운의 역사는
미로를 만들어 놓고
현재에서 가장 멀리까지 와본 과거였다

굳게 닫힌 대문들이
내 뒤통수를 겨냥한다 해도
내가 과거로 걸어왔던 굴욕의 계단에
비가 내린다

과거는 가는지 모르고

우리는 현재 속에 파묻혀지는 이야기를
이야기로 끝내야 했다

2.5 대전의 서막

말발굽 소리가 거리에서 사라졌다

뱀 머리를 움켜쥐고 날뛰던 메뚜기도
질주하는 들소의 소음만 들릴 뿐
동짓달 그믐처럼 도심은 을씨년처럼 싸늘했다.

폭탄의 잔해도 탄피의 흔적도 없는
2.5 대전

적의 단 몇 번의 공격으로 초토화된 세상
일그러진 혹독한 미래가 퍼렇게 멍들어 그늘지고
일상이 참혹하게 잠식되어 간다

언제부터 인가 생채의 모든 기관에 침투하여
세력을 증폭시켜
생과 사의 사자로 탈바꿈을 하는 너

성냥갑 속에 갇힌 나약한 생명체는
지독한 수전증에 걸린 듯하고
습관이 파괴되고 생활의 틀마저 무참히 놓아버린 지금
힘겨운 사투를 하고 있다

언 땅을 뚫고 솟는 풀 한 포기의 기적은
꿈이 아니었음을 우리는 알고 있다

시간을 줍다

너울이 밀려와 파도로 부서지고
잘게 부서진 시간은
동백 꽃잎 질 때마다 울더이다

바람도 그 여느 때처럼 훈훈하게 불고
숨겨 놓은 기억을 뒤척이듯
갯돌을 툭툭 치며 시간을 줍고
허기진 빗물이 어깨를 두드리면
행여 그대인 줄
유배지에서 그리움이 필수라면
거울은 왠지 몸 뒤에 숨겨진
동백이 아닐지

기억에서 꺼낸다는 말
그만큼 세월이 흘렀다는 말이지만
뭉클한 내력을 아직 되새김질하고 있는 지금
한 번쯤 놓고 싶은데

동백꽃 잎은 시들고 떨어져도
또다시 붉게 피고

나는 나의 기억을 지우다 보면
혹독한 바람이 분다

어둠의 서사

아무 일도 아닐 거라 했다

바이러스가 우리를 가둬 버리는 것처럼
사람들은 감기에 걸린 듯 마스크를 쓰고
산소로 전염되는 병에 걸려 있다

지하철을 타거나 밥을 먹거나
아무도 모르게 살아가다
감기에 걸린 듯
손님을 기다리는 물건도
생선을 파는 사람도
그림자가 생겨나지 않는
미래의 하늘을 쳐다보고 있다

숨 쉬고 있다는 것만으로도 감사하며
창백한 얼굴로 병원을 찾는
사람들만 늘어날 뿐

점점 언성은 깊은 골이 되어 메아리치고
습관은 습관대로
조여 오는 압박 속에서 꿈틀거리고 있다

4부

창밖에 첫눈이 쌓이고

창밖 거리는
눈은 눈대로
나는 나대로 하얗게 흩어지고 있다

희미한 가로등 불빛 아래
눈이 쌓이게 되면
나는 창문을 열고 세상을 본다

고향을 달리는 기차. 어머니 얼굴. 노적봉 밑에 소녀. 책갈피에 마른 단풍잎과 아버지. 숱한 편지와 약속. 지나간 유행가와 연신내 사거리 어린 동생들과 비에 흠뻑 젖은 여학생 모습 휘날리고 있다

모든 기억의 출처를 밝힐 수 없지만
이런 날 한 번쯤
쌓인 눈이 발목 깊이라면
나는 나의 행성에
발자국을 남기는 버릇이 생겼다

창밖에 첫눈이 쌓이고 있다

대반동 소야곡

바람이 분다
먼바다로부터 밀려오는 파도가
어부의 노래를 부르고 있다

불빛이 땅끝에서 출렁이고
나뭇잎들은 기타를 치듯 소리를 내며
가슴 한 곳에는 지독한 고독만 밀려왔다

쏴악 물살을 가르는 소리
방파제에서 그리움으로 흘러내리고 있다

길가에 떨어진 나뭇잎을 툭툭 차면 걸으면
파도는 슬픈 어부의 노래를 부르고
나는 불빛과 등대 사이에서 휘파람을 분다

대반동 모퉁이에서 수런거리는
바람의 소리
파도의 소리
뱃고동 소리가 어둠 속에서 노래하고 있다

추억이 휘날리는 바닷가

어둠이 내리면
고독한 시(詩)를
나는 유행가처럼 쓰고 있다

인어 동상 앞에서
또 한 번 휘파람을 휙익 분다

잘게 부서지는 파도처럼
숱한 추억을 쏟아내며
밤은 어둠의 노래를 부르고
나뭇잎들은 기타를 치듯 장단을 맞추고 있다

별들이 쏟아지고
저 멀리서 깜빡이는 등대의 불빛과 나의 고독은
무수한 이별과 만남으로 이뤄지는
바람의 노래가 되었다

북교동 돌담길

세월은 흘렀건만
변함이 없는 골목길엔
하얀 목련꽃들만 반기고 있습니다
언덕길 돌담을 걷다 차범석 길은
옛 향기가 흩어져
발길을 잡아 놓습니다

세월이 변하지 않는 골목길
떠나간 사람도
찾아오는 사람도
돌담길은 그리움만 쌓여 있습니다

봄 향기를 맡으며
박화성. 김현. 김우진 생가를 찾는
언덕길 밑에
북교동교회가 있습니다

봄이 지고
여름이 오고
가을이 떨어지면
다시 찾는 여인들처럼

변함이 없는 북교동 골목길마다
눈 덮인 돌담길이 있습니다

겨울이 쌓이면

때를 놓친 잎들이 모퉁이에서
햇살을 안고
앙상한 강아지풀은 겨울을 안는다

스산한 그늘이 스며들면
어느 찻집에 앉아
오고가는 그림자를 쫓는다
멀어지는 모나리자의 미소
문득 떠오르는 이름 석 자와 그리운 모순들

창밖은 지금 겨울이 내리고
창밖은 바람의 소리가 쌓이고
창밖은 눈이 쌓이고

손을 내밀면 닿을 듯
흩어지며 내려앉은 얼굴들
두 손으로 받쳐 창문을 열면
사라지는 이름

겨울이 쌓인 거리에
바람은 하얀 여백을 채우고

모퉁이에서 휘돌다 지나간 자리에
그리움만 놓여 있습니다

기억의 기다림은 귀향하지 않는다

허공을 가르는 소리가 들려오고
창문을 노크하는 바람이
앙상한 가지마다 빗물을 적시고 있다

구름 사이로 바람이 지나가고
딱새가 짝을 찾아 날아오르는 숲속에
무정한 겨울비만 철없이 내린다

유달산에 매화꽃이 내 마음에 화답하듯
띄엄띄엄 봄을 알리고
창문을 두드리는 막연한 기억이
커피 한 잔 속에 담겨 모락모락 스치고 있다

겨울이
몸부림치는 창밖
봄이 오는 길목에 나는 외딴 섬에 갇혀
종이배를 기다렸다

소용없어, 오지 않아, 맞아, 미련도 수십 년이 걸렸다
기억의 기다림은 귀향하지 않는다는 사실을 알았다

봄은 언제나 나를 키우고 싶어 했다
아니 내가 그랬다

섣달 그믐

세밑 아침 텅 빈 가슴에 삭풍이 살을 엔다

찌푸린 하늘 보며 길 떠나야 할지
신발장에 넣어둔 발을 꺼내어
땅 위를 걸어야 할지

가끔 가지에서 새들 날아오르면
세차게 달려드는 바람이
눈발이라도 몰고 와주면 어쩔까 싶고

쪽 햇살은 모퉁이에 앉아 유혹하지만
시간의 벽을 지나온 지금
숨 쉬는 것만으로도 갚아야 할 이자 같은데

이른 아침 찬바람이 또 다른 나이테 만들어 놓는다

몇 푼의 용돈

몇 년 동안 손길 한번 주지 못한 종이들이
먼지가 쌓여 있어요

삶의 변화를 주며 성숙하게 만든 종이들이
칸과 칸에서 고독하게 죽어가고
눈만 뜨면 밀려오는 파도처럼
낚시하듯 엄지와 검지로 페이지를 넘겨
단어를 찾다 힘없이 덮어버리죠

종이들은 습관처럼 애원하는 듯 쳐다보지만

과감히 나는 메스를 들어
쓸모없이 불어난 세력
비곗덩어리
불필요한 조직을 떼어냈어요

절개된 지방의 가치
오랜 시간 버티지 못하고 버려지는 슬픔
먼지와 친해지는 습성을 가지고 태어난 종이들은
세상을 날 수 없는 공간에서
마지막 미소를 보았죠

난 짐을 털어 버리고 몇 푼의 용돈을 받았습니다

뭐 있어 "도" 아니면 "모"이지

뒤를 돌아봅니다
쫓기듯 사는 것처럼 구릿한 냄새가 나듯
우리는 "도" 아니면 "모" 라고 생각합니다

인생을 풀어 가는 시점에서
각각 살아가는 삶도 특성이 있습니다
아무리 땀 흘려 노력해도 모가 안되는 도와
"개"에게 잡히는 "걸",
"도" 에게 화려한 "윷"도 고개를 숙이며
절망에 빠집니다

라운드 밖 신경이 곤두선 투자자의
목소리가 날카롭습니다
느긋하게 관찰하는 투자자도 있습니다

우호적인 경고라는 생각하는 사람과
절망적 사람들의 심리적 부담이 부딪히는 소리지만
윷판은 요람이 아닌 신의 한 수라고 합니다

밤마다 천장에서 캐스터의 목소리가 재생으로 들립니다

나의 윷들은 바다로 갔다 길을 잃고
험한 산길로 돌진합니다
재생으로 매일 윷판을 보다 잠이 듭니다

요행은 천장에서 매일 꿈으로 이어지고

꿈은 산산이 부서져 파랗게 흩어집니다

돌아보면 아무 일 없는 것처럼
세상은 똑같은 윷판인 것을
알면서도 동물적 근성이 배여 있어
쉽게 유혹에 벗어나지 못하고 있습니다

어머니의 관절

동지가 앞산을 넘어
피부에 와 닿는 차가움을 느껴질 때

서리가 내린 고랑과 고랑 사이에는
어머니의 등골이 누렇게 겨울로 가는 중이었다

소일거리라 생각하시던 텃밭에
하얗게 서리가 내려
한숨을 쉬시던 어머니가 삐걱거리는 무릎으로
한 포기 한 포기 뽑아 다듬어 절이고
배추를 버무려 김장하셨나 보다

삼십 년 세월을 그렇게 어머니는
아무런 말도 없이
네 남매의 겨울 식탁에 손맛을 남기셨는데
올해는 우리 식탁에서 어머니의 김장 김치가 없다

미안하다는 한 통화의 전화
이제는 힘에 겨워
김장 배추를 못 보낸다는 한마디 말씀의 여운이
가슴에 맴돈다

찬바람이 무던히도 많이 지나갔다
그만큼 녹슨 어머니의 관절도
숱한 사랑이 굳어 멍들어 있겠지
유난히도 올겨울 찬 바람이 매섭게 불고 지나갔다

재생공업사

수십만km를 쉬지 않고 달렸다
삐걱대는 마디마다 반란을 일으켰다
재생이 필요했다

좀비처럼 몸은 각기 다른 형태로 움직인다
수액은 핏줄을 거슬러 올랐다가 내려가고
거부하는 정맥은 부풀어 올랐다
철없는 아기처럼 울고 싶어진다

허리가 굽은 어떤 노파처럼
지팡이에 의탁하는 어떤 노인처럼
우리는 어떤 시점에서 노인이 되고 노파가 된다

벽면은 온통 하얀데
창밖 세상은 너무 분주하다
홀로 떨어진 큐빅 상자 안에서 유독 그렇게 보인다

아침마다 회진을 도는 (흰색 가운의 무리) 면허 소지자와
나는 매일 친분을 쌓고 있지만
씁쓸한 미소처럼 매일 몸으로 수액을 비축했다

재생에 필요한 필수 동의서에 끄덕이며 흔적을 남겨 놓고
간이침대에 누워 있다.
막연한 생각이 꼬리를 물고
초조한 목마름에 스쳐 가는 얼굴들
반쪽의 사과를 가슴에 안고 천장의 불빛을 본다
스르르 눈이 감겼다

연신내 추억 3

파르르 전해지는 손맛처럼
물살에 모락모락 피어오르는 얼굴
너울이 밀려와 세월의 양념처럼
삶아진 시간의 타래를 풀어 본다

피라미 매운탕으로
배 속을 채우던 그 시절
조약돌 모아 돌탑 쌓아놓고
잠자리 좇던 갈대 숲 생각하며

싸리나무 울타리 없어도
피라미 이야기는 질리지 않는 메뉴처럼
밤이 깊도록 끊이지 않는
안주였다

언제나 바지랑대 걸린
삼각산의 내력은
변함없는 추억의 전경처럼
오늘 밤 누런 황소의 울음소리가
옛 기억을 되새김질하고 있다

말. 말. 말

하회탈 쓰고
탈춤 추면서 시선을 어지럽히고
속내 보이지 않고
한번 꾹 찔러 음미하며
모르는 척 상처를 낸다

실체 숨기고
겉으론 미소 띠며 토닥이며
속으로는 모르겠지 하지만
우리는 하회탈 쓰고
잘못을 모르고
양면을 사용하면서
탈 쓰는 습성 가지고 있다

상처 만들고
약 주며
때론 퉁 쳤다고 생각한다

새벽을 여는 콩나물(죽교동 미로 골목)

수분이 촉촉한 분화구 위로 알갱이들이 솟아나고 있어요

벽에 있는 초침과 분침은
동그란 테두리 안에서 빠르게 돌아가고
낡은 선반 위에 네모 안에서
콘크리트 사막의 언어를 귓속에 풀어
이야기를 전하죠

죽교동 새벽은
집집마다 뿌연 안개가 피어올라요
시간을 거스른 적도 없는
일출의 약속처럼 결근한 적도 없습니다

점점 부풀어 오르는 시루에는
코흘리개 막내가 씨익 웃고 있어요
큰딸 손끝에서 잘게 부서지던 알갱이를
어머니가 어루만지면 한없이 부풀어 오르죠

창문 열면 무수한 별이 쏟아지고
어느 땐 센 바람이 불며
가끔 잔바람에 잔 비도 내리죠

한 달에 몇 번
낡은 대문이 활짝 열리죠
미로 같은 골목길을 지게와 수레 소리가
새벽을 깨웁니다

비상을 위해 꿈을 좇고

걷다 보니
하얀 눈이 신발에 밟혀 부풀어 올랐다

밤새 쌓인 눈 위를
우리는 이 길을 걷지 않을 수 없었고
손에 쥔 작은 가방에는 늘 감성과 쓸모없는
소문을 담아 걷는다

보폭이 작아 갈 수 있을 만큼 걷다
뒤쫓는 불안 때문에 거리를 두고
짹짹거리는 새소리 들으며
뒤처지지 않고 한발 앞서기 위하여
날기 위해 뛰어가고 있다

쉴 틈 없이 비상을 위해 꿈을 좇고
똑같은 길을 반복하면서 걷다
랜덤 박스를 보다 잠들고
추운 날씨에도 땀이 나도록
노동 때문에 육신은 몽글어져 쓰러지고
땀을 닦으며 퇴근을 기다리며
그래서 만나는 성취
우리는 이렇게 시간을 죽이고 있다

목련

삼월은 바람과 하얀 눈을 버리고
사월에 닿는다

얼음의 계곡이 녹아
강으로 바다로 흘러가다
길을 잃고
저 들녘 건너서
나무 위에 집을 짓는다

새들이 앉아 노래하면
바람은
봄을 흔들어 깨우고
나는 하얀 목련꽃 잎에
시(詩)를 얹혀 놓는다

풍치

너는 두 번째 역모를 하려고 하지
예고도 하면서 주기적으로 진통을 주고 있었어

며칠 뜬눈으로 보내야 했고
식음의 즐거움도 용납하지 않았지
반란이란 명분으로 건치들을 들쑤셔 놓고
함께한 세월을 냉정히 뿌리를 뽑으려고 작정을 했어
무조건 백기를 들고 가까운 병원을 찾아
의자에 앉아 오만상을 찌푸리고 있었지
누군가 다가와 인사를 하며
잇몸에 액체를 주입하고 사라진다

잠시 기계의 소음이 진동하고 신음소리와 절규가
하얀 벽을 타고 울려 퍼지고 누군가
누런 표본을 손에 쥐어주며 웃는다

나는 지붕 위로 반 세월 함께한 놈을 던지고
멀쩡한 애들과 집으로 돌아온다
모처럼 편히 잠든 며칠 밤
아무런 생각도 없이 아침을 먹다
이빨 사이에 낀 생선 가시를 빼내다

또 다른 뇌관을 건들고 말았지
평화의 순간은 하룻밤 풋사랑이었던가

고통이 동반되는 기압골이 형성되어 예고한다
하, 이걸 어쩌나

집수리

반쯤 허물어진 흙벽 속 박혀 있는 대나무 살과
하늘이 보이는 지붕은 아주 오랜 이력을 말해 주고 있다

허름한 탱자나무 울타리 넘어 들어서면
오래된 고주를 마주하고 서까래를 쳐다보다
대청마루에 쌓인 먼지를 툭툭 털어내고
마당에 발자국도 삼켜 버린 무성한 잡초들만 가득하고
주인 없는 작은 집에 거미줄만 바람에 그네를 타고 있다

나는 몇 날 며칠 수십 번 집을 허물고 다시 집을 짓고 하다
집수리로 결정을 하고 그 집 내력이 보이는
서까래에 묻은 그을림을 말끔히 지워내고
무너진 흙벽은 뒷산에서 파온 흙으로 말 벌집을 짓듯
조금씩 매워 나가고 지붕에 해진 곳에 황토로 막고
가장 오래된 기둥을 사포로 문질러 화장을 했다

몇 날 며칠을 땀과 먼지 그리고 흙으로 범벅이 되고
대청마루에 쌓인 먼지의 무게를 털어 내고
마당과 대청마루 사이에
계단석 하나 덩그러니 내려놓고
개집도 말끔하게 페인트로 칠해 새집을 만들었다

산모퉁이 돌면 항구가 보이고
항구에서 배를 저어가면 고래가 유영하며
헤적이는 갈매기가 보이는 섬
이곳에서 한 달을 오래된 내력을 깨끗이 지워내고
새로운 내력을 만들었다
다만 나는 대문만 남겨 놓고 울타리 흔적을 지워 버렸다

김명관 고택(혼령의 소리가 들리는 듯)

지네 머리를 짓누르는 대들보처럼
지렁이도 내력을 잇는 곳

동진강 백섬지기 물결은 출렁이고
청하산 도깨비가 점지한
떠나지 말라는 혼령의 곡소리가
들리는 듯 바람이 불고 있다

고목이 사라진 연지를 돌아
고택의 내력 속으로 발을 딛으면
하마석을 덮은 녹녹한 세월과
거북이 등에 쌓인 혼령의 넋들이
검게 그을린 것처럼 묻어나

고졸한 고풍은 몇 세월 풍미한 듯
깊음이 사랑채 묻어나고
바라지창 넘어 은빛 동진강도
넋을 깨우는 듯 반짝이고

바람개비처럼 돌다 멈추어 버린
텅 빈 사당에
들꽃만
피고 지고

詩, 오직 그 하나를 위한 열망과 잔잔한 속울음
- 생의 꽃, '미완'과 '상처'와 '시듦'에 대한 위로 -

조기호(시인)

이순동 시인은 2014년 《지필문학》 신인상으로 등단하여 이미 제1시집 『노을 공원(2018)』을 발간하였으며 꾸준한 창작활동과 더불어 2023년부터 지금까지 목포문인협회지부장을 맡아 성실히 자기 책임을 다하고 회원들의 복지와 발전을 위해 봉사하고 있는 훌륭한 문학인이다.

그런 그가 '봄이면 봄이라서, 여름은 더워서, 가을은 궁상맞게 살아서,/ 겨울이면 춥다고 사랑하는 것들을 내려놓았다./ 내려놓을수록 허전함이 몰려오고 몸살을 앓고/ 독감이 몰려온 듯 무기력하고 슬펐다./ 그래서 틈틈이 비축해둔 마음과 사랑과 계절을 엮어/『가을 삽화』속에 수록하여 세상에 내놓을 생각을 했다./ 초심을 잃지 않는 시인으로 남고 싶은데 과연 독자는 어떻게 평가할지 무섭기만 하다.(시인의 말)' 라는 두려움이 가득한 시들을 한 뭉치 내미는 것이었다. 이 시인의 마음 못지않게 내 마음도 떨렸다. 그러나 한편으로는 반갑고 기뻤다. 한동안 남몰래 병고를 치르며 써 내려갔을 인고의 시들이기에 감히 그 마음을 헤아릴 수 없을 것 같아 난감하고 조심스러웠다.

하지만 그런 역경에도 불구하고 끊임없이 붙잡고 매달리는 그의 순수하고 뜨거운 시적 열망을 함께 응원하는 마음으로 결국 이순동 시인의 제2시집 『가을 삽화』를 먼저 읽게 되었음을 밝혀드린다.

1. 새로운 꿈의 동력으로 발화하는 기억, 혹은 상처

이순동 시인은 말이 없다, 조용하다. 간혹 미소를 지을 때가 있지만 그 또한 순간이다. 그래서 그의 침묵이 아마도 그를 다스리는 힘일지도 모른다는 생각이 든다. 마치 '겨울이/ 몸부림치는 창밖/ 봄이 오는 길목에 나는 외딴 섬에 갇혀/ 종이배를 기다렸다// 소용없어, 오지 않아, 맞아, 미련도 수십 년이 걸렸다.(「기억의 기다림은 귀향하지 않는다」 부분)'은 고백처럼 이 시인의 가슴 속에는 우리가 알지 못하는 많은 이야기들이 숨겨져 있을 것 같아 나는 늘 그의 속내가 궁금하기도 하였었다.

시가 거룩하고 멋진 수사(修辭)나 상징으로서가 아닌 삶의 체험을 바탕으로 새겨진 어떤 것들이라면 이 시인의 가슴 속에 자리 잡은 기억의 형상들은 어떤 모습으로 존재하는 것일까. 아마 이 시인이 살아온 시대를 되돌아본다면 그 무렵은 모두가 곤궁한 생활 속에서 하루하루를 살아가야 할 때였을 것이다. 그러다 보니 가난을 양식으로 삼아야 했을 일상(가족과 이웃)에 대한 생각은 늘 고단하고 안타깝게 살아가야 하는 세상에 대한 아쉬움과 연민으로 이어졌을지도 모른다.

찬 바람 인왕산에 불면
외줄에 매달린 하얀 가자미가 눈을 뜬다

밤새도록 눈 맞으며
꼬리에 붙은 긴 고드름이 햇살에 녹아

떨어지는 물방울 속에는 어머니
눈물도 섞여 있었다

아침이면
꽁꽁 얼어붙은 손으로
잘 다녀오란 듯
영롱한 눈빛으로 쳐다보던 기태는
종례 시간 종이 울려도 보이지 않고
발목을 잡아버린 가자미와 종일 씨름을 하다

애국가가 무악재 넘을 때
대나무 소쿠리에 가득 가자미를 담아
버스를 타고 남대문 시장 노상 좌판 내려놓으면
오백 원 주시던 기태 어머니

가자미 소쿠리를 어깨에 얹어
154번 버스에 탔던 날들을
나는 가끔 생각이 난다
　　　　　　　－「가자미와 오백원」 전문

  가난한 하루의 아침이 시작될 때마다 외줄에 매달려 눈을 뜨는 하얀 가자미, 그것은 '꼬리에 붙은 긴 고드름은 햇살에 녹아／ 떨어지는 어머니의／눈물' 같은 우리들의 일용한 양식이었을 것이다. 그러므로 날마다 기태는 어쩔 수 없이 친구와 함께 학교에 가지 못하고 그 가자미에 붙들려 어머니와 함께 남대문 시장으로 향해야 했을 것이다. 이 시인은 그런 친구 기태의 쓸쓸한 뒷모습과 함께, 가자미 소쿠리를 어깨에 얹고 154

번 버스를 탔던 유년의 기억을 통하여 삶이란 슬프고 서러운 저마다의 애환을 간직하고 살아간다는 것을 아련한 한 장의 흑백사진처럼 펼쳐내고 있다. 그러면서 그런 슬픔의 날들을 견디며 살았던 어머니를 다시금 떠올리는 것이다.

> 서리가 내린 고랑과 고랑 사이에는
> 어머니의 등골이 누렇게 겨울로 가는 중이었다
> 소일거리라 생각하시던 텃밭에
> 하얗게 서리가 내려
> 한숨을 쉬시던 어머니가 삐걱거리는 무릎으로
> 한 포기 한 포기 뽑아 다듬어 절이고
> 배추를 버무려 김장하셨나 보다
>
> 삼십 년 세월을 그렇게 어머니는
> 아무런 말도 없이
> 네 남매의 겨울 식탁에 손맛을 남기셨는데
> 올해는 우리 식탁에서 어머니의 김장 김치가 없다
> － 「어머니의 관절」 부분

하지만 가족을 이끌어온 사람은 비단 어머니 혼자 만이 아니었음을 이 시인은 잊지 않는다. 남몰래 짐을 짊어지고 소리 없이 살아온 사람, 대체로 많은 가족들로부터 숱한 비난과 질책의 이름으로 구박을 받아야만 했던 아버지를 애처로운 마음으로 부르는 것이다.

> 당신이 어느 곳에 계시든

다 밤으로 가고
어둠은 시작과 끝을 이어주는 고리가 되고
고리는 별과 불빛 사이에 빛나는
달이 되어 있었습니다

매일 똑같은 조건에서
실행하는 일들 사이에 고단함도
나태할 시간도 없는 당신

어두워지면 빛을 위하여
매번 초인종을 누르고
뿌연 먼지 속에 종일 버석거리다
집으로 돌아와도
늘 절반의 꼬리는 두고 왔습니다

당신은
어둠과 방바닥에서
매일 끙끙 앓다
새벽이면 아무도 모르게 나가셨습니다
  – 「아버지」 전문

 이 시인이 바라보는 아버지에 대한 시선은 따듯하고 다정하다. '매일 고단함 속에서 나태할 시간이 없었을' 당신과 '어두워지면 빛을 위하여/ 매번 초인종을 누르고/ 뿌연 먼지 속에 종일 버석거리다/ 집으로 돌아와도/ 늘 절반의 꼬리는 두고 왔던' 당신은 모든 고통의 속내를 결코 아무에게도 드러내지 않았다는 것을 알았기 때문이었을 것이다. 나아가 '어둠과 방바닥에서 /매일 끙끙 앓았을' 그리고는 '새벽이면 아무도 모르게 또 그 시련의 현장으로 몸을 내던졌을' 아버지의 한 생애를 측은한 마음으로 추억하며 세상은 매사 호락호락하지 않으며 어쩌면 늘 시련 속에 존재한다는 것을 깨닫는 것인지도 모른다.

  사람들은 과거를 돌이켜 오늘을 살피고, 오늘을 밝혀서 또한 내일을 꿈꾸는 것이리라. 분명히 유년의, 또는 성장 과정의 일상들이 그의 삶에 영향을 주었을 것이며 그러한 인식과 관념들은 그의 시의식(詩意識) 속에 켜켜이 나이테처럼 쌓여 있을 가능성이 많다. 그러나 이 시인은 그런 과거에 매이지 않는 (과거를 배제하려는 제스처는 보이지 않지만) 새로운 자기의 세계를 구축하고자 하는 듯하다. 도리어 그것은 자꾸만 과거에 이끌리려 하는 자신의 태도를 스스로 경계하는 모습에서 엿볼 수 있다.

        한 번쯤 뒤돌아보지 않은 이들의 가슴은
        텅 빈 거리에 마른 잎 같다

        과거를 기억에서 지운 사람은
        잠들면 늘 낯 모르는 사람과 다투고
        깜깜한 모퉁이에서 흐느끼며
        솟아오르는 태양의 흔한 일출도
        어둠으로 이어지는 백색의 아침 같다

        기억의 통증을 잊은 거리마다
        빨갛게 붙은 낯선 이름이 따라다녔다

기억을 재생하는 바람은 쉽게 불지 않고
한 번씩 나를 잃을 때마다
도취와 나누는 결점이 남고
꿈속에 비명들은 소름이 돋는 과거로 남아
순례처럼 홀로 사막을 걷고 있다

기억의 바람이 꿈틀거릴 때
뒤돌아보는 과거가
나를 바짝 끌어당겨 안고 있다
     – 「생각의 오점」 전문

 과거(기억)이란 칼로 베어낼 수도 없고 돌로 쳐낼 수도 없어서 우리의 생명과 함께 존재하는 삶의 그림자와도 같을 것이다, 그러므로 이 시인은 과거를 잊은 사람은 '텅빈 거리의 마른 잎'처럼 마음 또한 메마르고 삭막할 거라고 하면서 늘 다투고 흐느끼며 아침도 어둠으로 맞이해야 하는 곤혹을 당하여야 함을 토로하고 있다. '기억의 통증'이라는 아픔을 '빨갛게 붙은 낯선 이름'으로 경계하고도 있다. 이 시인은 과거를 회상하는 일이란 '나를 잃게 하고, 결점을 다시금 남게 하고, 소름 돋는 비명들 속에서 홀로 사막을 걷는' 것이라고 힘들어하고 있다. 그럼에도 그의 마음속에 자꾸 기억의 바람이 꿈틀거리고 있음을 부인하지 않는다. 도리어 과거가 '나를 바짝 끌어당겨 안는' 것을 어찌할 수 없는 숙명처럼 받아들이는 것 같다. '언제나 바지랑대 걸린/ 삼각산의 내력은/ 변함없는 추억의 전경처럼/ 오늘 밤 누런 황소의 울음소리가/ 옛 기억을 되새김질하고 있다. (「연신내 추억 3」 일부)'는 지나간 시간의 타래를 느긋하게 풀어내며 억압된 형상의 추억들을 조용히 다독이며 서서히 그의 과거(기억)는 상처가 아닌 새로운 힘의 동력으로 소용되는, 그래서 '생각의 오점'이 아닌 꿈의 씨앗으로 발화되고 있음을 엿볼 수 있다.

2. 홀로된 밤을 위하여 부르는 휘파람의 노래

사람들이란 저마다 그저 순탄치만은 않은 삶의 굴곡을 지나오면서 온갖 역경과 마주하게 된다. 예로부터 세상을 苦海(고통의 바다)라고도 하는 까닭이다. 그러나 각자의 삶이 각각 다른 모습으로 드러나는 것은 그 고통을 어떻게 받아들이느냐에 달려 있을 것이다. '아름다운 마무리'이나 '허망한 끝'의 문제는 어쩌면 '이겨냄', 즉 극복(克復)이라고 하는 힘의 문제라고 할 것이다. 이 시인도 예외는 아니어서 예기치 않은 투병의 상황과 맞닥뜨려야 했다. 그것은 그저 육신을 지켜내기 위한 병마와의 싸움일 수도 있겠지만 사실은 남모르는 자신과의 투쟁이었을지도 모른다.

> 매일 똑같은 시간
> 음침한 불빛들
> 언제나 복도는 늘 겨울 같다
>
> 카트를 밀고 들어오는
> 앳된 미소를 짓는 간호사

버튼을 눌러 각 체온을 검침한다

정상입니다. 약간 높아요. 좋네요.
두루 돌며 한 마디씩 던져놓고
문을 열고 사라졌다

C코드의 병실마다
각자의 언어들이 투쟁적 열변을 토로하고 있지만
무심한 달은 창백한 모습으로
숱한 언어의 슬픔을
잘게 나누어 혁명가의 슬픔을 토닥이며
창밖 열대야를 식히고 있다

잠 못 이루는 시간
불빛이 하나둘 커지는 음침한 끝방에서
트랜지스터 소리는
옛날 노래를 혁명가처럼 부르고 있다

못다 푼 푸념들이 가득한 여름밤
어차피 나도 따라 불러야
시간이 간다
 - 「병실 삽화」 전문

서늘한 병실에서의 시간들은 타인의 세상이다. 숱한 푸념들이 떠돌아다니고 그것들을 덜컹덜컹 카트에 주워 담는 간호사의 미소는 나와는 아무런 상관이 없는 제스츄어에 불과할 뿐 '정상입니다. 약간 높아요. 좋네요./ 두루 돌며 한 마디씩 던져

놓고/ 문을 열고 사라지면' 별로 고마울 것도 없는 그는 주먹 불끈 쥐고 그럼에도 노래를 불러야 했을 것이다. 끝까지 싸워 나가야 할 어떤 것, 삶일 수도 있고, 죽음일 수도 있는 그 냉랭한 것들을 붙들고 열대야의 밤을 견디었을 그가 문득 안쓰러워지는 것이다.

그러나 그런 투병(이 시인은 위암을 극복하였다) 중에서도 마침내 나를 찾아서 살아가기 위해 지느러미를 흔들어 대는 몸부림은 삶(꿈)에 대한 열망이 얼마나 지극하고 강렬한가를 보여주고 있다. 그리고 그것은 그가 자신(한계)을 얼마나 맹렬히 '이겨내고' '극복'하려는 힘이 강한지를 알게 해주는 것이다.

> 수십만km를 쉬지 않고 달렸다
> 삐걱대는 마디마다 반란을 일으켰다
> 재생이 필요했다
>
> 좀비처럼 몸은 각기 다른 형태로 움직인다
> 수액은 핏줄을 거슬러 올랐다가 내려가고
> 거부하는 정맥은 부풀어 올랐다
> 철없는 아기처럼 울고 싶어진다
> - 중략 -
> 아침마다 회진을 도는 (흰색 가운의 무리) 면허 소지자와
> 나는 매일 친분을 쌓고 있지만
> 씁쓸한 미소처럼 매일 몸으로 수액을 비축했다
>
> 재생에 필요한 필수 동의서에 끄덕이며 흔적을 남겨 놓고
> 간이침대에 누워 있다.

막연한 생각이 꼬리를 물고
초조한 목마름에 스쳐 가는 얼굴들
반쪽의 사과를 가슴에 안고 천장의 불빛을 본다
스르르 눈이 감겼다
　　　　　－「재생공업사」 부분

　아픔 속에서 이 시인이 꿈꾸는 희망, 아니 가슴에 품고 천장의 불빛을 보며 스르르 눈을 감을 수 있었던 그 '반쪽의 사과'는 무엇이었을까. 그것은 희망이라기보다는 하나의 열망으로써의 바람이었을 것인즉, '바람이 되고 별이 되고 술잔이 되어' 누군가의 홀로된 밤을 위하여 불어줄 수 있는 휘파람과도 같은 노래가 아니었을까. 그리하여 반쪽과 반쪽이 만나 결국 '우리'가 되는 한 편의 '시'를 꿈꾸었던 것 같다. 마침내 이 시인은 암을 잘 극복하였고 그러한 시련은 도리어 그를 더욱 단단하게 하였다. 아니 그가 이전과는 다른 모습의 세상을 바라볼 수 있게 된 계기가 되었을지도 모른다. 더구나 그러한 좌절과 실의 경험은 그의 시의식에 또 다른 영향을 미쳤을 것이 분명하다.

3. 몸부림으로 잉태된 지극한 열망과 잔잔한 속울음의 시

　돌이켜보면 한 점의 구름처럼 흘러온 세월이었을 것이다. 이 시인은 '고향을 달리는 기차. 어머니 얼굴. 노적봉 밑에 소녀. 책갈피에 마른 단풍잎과 아버지. 숱한 편지와 약속. 지나간 유행가와 연신내 사거리 어린 동생들과 비에 흠뻑 젖은 여학생 모습들이 휘날리는(「창밖에 첫눈이 쌓이고」 일부) 시간의 언덕에 서서 물끄러미 내 안의 슬픔들을 들여다보는 것이다.

    바람이 지나간 곳에
    미련이 남아있는 것도 아니었습니다

    눈물이 흘러 고인 곳에
    그리움이 쌓여있는 것도 아니었습니다

    세월은 그저
    구름 한 점처럼 서럽게 지나가고
    가로수 가지마다 애처롭게
    늙은 미련만 한잎 두잎 떨어질 뿐이었습니다

    낙엽이 쌓여있는 곳에
    그대가 보이는 것도 아니었습니다

    흰 눈이 쌓인 곳에
    그대 흔적이 남아있는 것도 아니었습니다

    세월은 그저
    휘날리는 눈처럼 서럽게 흩어지고
    별이 없는 하늘이 애처로워
    나는 늙은 유행가도 가끔은 깜빡 잊고 있습니다
                    - 「구름 한 점처럼 서럽게 지나가고」 전문

미혹(迷惑)에 빠져서도, 세상일에 현혹되어서도 안 된다는 일상에 대한 두려움이 시인의 마음을 쓸쓸하게 하였을지도 모른다. 그러므로 '세월은 그저/ 휘날리는 눈처럼 서럽게 흩어지고/ 별이 없는 하늘이 애처롭다'는 이 시인의 고백은 날마다 삶의 도처에서 마주치는 실의와 번민과 아픔에 대한 어찌할 수 없는 무력한 몸짓이기도 하였을 것이다.

무엇을 위한 몸부림이었을까. 맞서서 싸우고 부딪칠 수 없는, 그래서 더욱 가련한 삶의 모순 앞에서 이 시인이 꿈꿀 수 있는 일이란 마음을 일깨우는 내면의 의식전환은 아니었을까. 야속한 시간의 흐름을 거부하지 못하는 그가 가을을 떠나보내지 못하는 까닭은 미련 때문이다. 그리하여 허탈한 북풍의 냉기를 품은 낙엽의 몸으로 떠돌면서 그는 한 잎의 바람처럼, 한 점의 별처럼 그리고 한 잔의 술잔이 되기를 소망하고 있다. '잊기 위하여 다시/ 누군가를 기다려야 하는 밤처럼/ 차가운 거리에서 부는 휘파람'과도 같은 속울음만이 존재하는 은밀한 '몸부림'의 시를 쓰고 싶었을 것으로 여겨진다.

　　나의 가을은 겨울로 들어가는 중이었다
　　서리가 내려 이전의 기억을 잊은 낙엽들이
　　바스락거리며 웅크리고 있다

　　가을을 안고
　　미련 때문에 가을을 놓지를 못하고
　　어느 작가의 부재처럼
　　바람이 돌아올 때까지 떼를 쓰다
　　내 몸속의 가을은 늘 북풍에 가까워지고
　　그저 냉기만 존재한다

-중략-
　나는 오늘도
　바람이 되고. 별이 되고. 술잔이 된다.

　잊기 위해 다시
　누군가를 기다려야 하는 밤처럼
　차가운 거리에서 휘파람을 분다
　　　　　　　　-「가을과 겨울 사이에서」부분

　비로소 이 시인은 아래의 시(「詩의 봄」)를 통하여 조용히 봄꽃처럼 피어나기 시작한다. 겨울의 바람을 이겨낸 가슴 속의 씨앗(詩)들이 발화하기 시작하면서 그의 일상은 푸르름을 더하고 그가 걷는 길목마다 꽃향기가 흘러나온다. 그것은 줄기찬 고뇌와 강직한 번민 속에서 통렬하게 시를 쓰고자 하는, 태생적(胎生的) 갈망이었거나 이미 어찌할 수 없는 오래된 숙명이었을 것이다.

　한동안 잠잠했던 거리가
　또다시 술렁이기 시작했다

　왜냐고 묻지 않아도
　때가 되면 연어가 고향을 찾듯
　팝콘이 툭툭 터지는
　멜라콩 다리 위를 거닐 때
　들리던 기적소리도 관계가 있어 보인다

시간은 언제나 흔적을 남기며 돌아가고
    술잔에 가득한 꽃향기가 탁자에서
    서정을 논할 때
    비로소 열차는 바다를 달려야 했다

    심연의 지느러미가 산란을 위해
    동목포역을 출발하면
    봄과 시간 사이에 필연은
    시 詩로 남아 한 권의 시집이 된다
    　　　　　　　　 - 「詩의 봄」 전문

 시에 대한 이 시인의 열망은 지극하고 끊임이 없다. 어둠 속에 살아가는 장님처럼 세상과 결별하기도 하고, 세상의 환심을 사기 위해 또다시 어릿광대가 되기도 하고, 때로는 기꺼이 과대망상의 미치광이가 되기도 했을 것이다. 그러나 그런 고단한 하루하루가 탁탁 자판 위에 두드려질 때 그는 그런 모든 시달림들이 언젠가 별이 될 것이라는 믿음을 가졌을 것이 분명하다. 그것은 그의 시(「별을 품고 쓰다」) 마지막 연의 '그런 날이면/ 나는 한 개의 별을 품고 잠이 든다.'는 고백을 통하여 짐작할 수 있다,

    어둠 속에서 탁탁 자판을 누르며
    늘 나의 광대는 화장 위로 웃다 울고
    과대망상에 걸린 사람처럼
    하늘에 매달린 별에 오르기 위해
    똑같은 무대에서

똑같은 공연을 해댔다

　　눈앞에서 사라지는
　　골치 아픈 행성들에 시달리며
　　나는 알람이 울릴 때까지
　　막을 내릴 줄 모르고
　　자판을 탁탁 누르는 홈이 생겨났다

　　그런 날이면
　　나는 한 개의 별을 품고 잠이 든다
　　　　　　　　　－「별을 품고 쓰다」 부분

 쓸쓸한 방황의 거리, 이 시인이 밤마다 자판을 두드리며 홀로 그 어둠 속을 고통스럽게 떠도는 까닭은 무엇일까. 그것은 시에 대한 지극한 열망(熱望)이라고 생각한다. 그런데 그 열망이란 뜻밖으로 묵언처럼 고요해서 겉으로는 잔잔하지만 정작 그 속울음은 너울처럼 밀려와 읽는 이의 마음을 먹먹하게 하곤 하는 것이다.

　　거센 바람은 아니었지
　　잔잔히 밀려오는 파도처럼
　　기억은 언제나 똑같은 생각을
　　가끔 흔들고 있어

　　몽상과도 같은 노을 볼 때면
　　세월은 왠지 야속하고
　　널 꺼내 보지만 않았어도

설렘도 없었을 거야

모나리자 보면서 웃는 건
삶의 한 모퉁이를 돌 때마다
잊고 지내왔다는 거짓말처럼 오랫동안
바쁘다는 핑계라 생각해

어느 들녘이나
한적한 길섶에 피어난 코스모스가
너라는 걸 알았을 때
나는 가을 옆에 앉아 시(詩)를 쓰며
여유롭게 너를 생각할 거야
　　　　　－「너를 생각할 때」 전문

　삶이란 거센 바람만이 있는 것이 아니다. 고요한 날에도 흔들리는 것이 우리네 생각이며 바람이며 꿈이며 인생인 것이니까. 그러나 여전히 확인할 수 없는 미지의 삶에는 필경 설렘이라는 희망의 언덕이 있을 것이라는 이 시인은 고즈넉한 마음으로 시와 마주한다. 들풀처럼 억센 몸부림이 아닌 작고 여린 코스모스 같은 소박하고 진솔한 삶을 생각하며, 그런 너, 바로 그런 詩를 쓰고 싶다는 그의 다짐으로 보아, 아마 이후로도 그의 시세계가 보다 섬세하고 정교하게 펼쳐질 것으로 예견되기도 한다.

4. 생의 꽃, '미완' 과 '상처' 와 '시들음' 을 다시 그리며

 이 시인은 건장한 외모와는 달리 매우 섬세하고 서정적인 성격의 소유자라고 생각한다. 그것은 그의 시편들에서 보여주는 그리움에 대한 이미지들로부터 유추되는 까닭이다. 외로움은 누군가가 채워줄 수 있지만 그리움은 그 사람만이 채울 수 있다고 했다. 그리움을 채워줄 수 있는 사람, 아니면 그 무엇에 대하여 궁금해진다.

> 수줍은 듯
> 돌담 밑 그늘진 틈새로
> 돋아난 풀잎과 들꽃이
> 햇살을 만나 무대를 만들었다
>
> 초원은 바람과 함께
> 연출하였으며
> 관중 앞에서 너는 미소를 짓고
> 빛 향한 애절함을 토로하였다
>
> 숱한 날
> 나르시스의 넋을 달래였고
> 어느 사랑이 떠나가듯
> 너는 내 마음을 가져가 버린
> 꽃이 됐다
>   - 「수선화」 전문

앳된 여인의 맑고 고운 실루엣이 떠오르는 시다. 맑은 햇살 아래 수줍은 듯 돌담 밑 그늘 틈새에 피어난 한 송이 수선화를 지나칠 수 있는 이는 누구랴. 게다가 바람에 살랑거리는 그 웃음이란 세상의 어떤 빛보다도 찬란했으리라. 홀려버린 마음을 누르지 못하고 많은 날들을 전전긍긍하던 마음이란 얼마나 안타까운 일이었을까. 내 마음을 가져가 버린 꽃, 수선화 너를 사랑이라 이제와 나는 고백하는 이 시인의 속내를 차마 알 수는 없겠지만, 그러나 나는 이 그리움의 대상이 결코 수선화 같은 누군가(여인)라기보다 이 시인이 삶 속에서 실현하지 못했던 이상으로서의 '바람과 꿈'을 대상화하지 않았을까 하는 생각도 감히 해 보는 것이다. 그것은 다음의 시에서 엿볼 수 있는 추측이기도 하였다.

  모퉁이 돌면 그녀의 멋진 집이 있다고 했다

  돌고 돌아서
  멈춰선 그곳은 허허벌판과 한 줄기 빛이
  광활한 대지 위에서 빌딩을 이루고 있었다.
  -중략-
  또 다른 모퉁이에서 사랑도 했었다

  한 손에 쥐어진 삶을 풀어 놓고
  땀으로 얼룩진 손금 사이로 길게 늘어진 선들은
  험한 인생길 자화상으로 남았고
  또 다른 한 손을 펴보니
  수많은 골목길과 모퉁이 사이에 그 멋진 집이 있었다

>   단. 명패에 쓰인 이름은 허무였다
>   - 「삶을 풀어놓고」 부분

  그녀의 멋진 집, 허허벌판일 수도 있고 한 줄기 빛일 수도 있는 빌딩과 또 다른 모퉁이에서도 사랑을 나누었다는 이 시인의 독백은 아쉬움으로 가득하다. '한 손에 쥐어진 삶을 풀어놓고/ 땀으로 얼룩진 손금 사이로 길게 늘어진 선들은/ 험한 인생길 자화상으로 남아 있는' 아픈 현실 속에서 그녀의 멋진 집은 여러 갈래의 아쉬움의 길에 마주쳤던 '허무'라는 이름의 세월이었다는 것을 쓸쓸하게 깨닫는 것이다. 슬픔이 아닌, 외로움이 아닌 어떤 따뜻하고 아늑한 무언가가 그립다는 속내가 틀림없다.

>   언덕을 오를 때까지
>   거친 수풀 속을 헤치며
>   살을 에는 바람 불어도 춥지 않고
>   평탄치 않은 들녘을 걷는 동안
>   지칠 줄 모르고 왔다
>
>   넓은 하늘은
>   여백으로 채워가는 석양빛과
>   태양을 뒤따르던 구름으로 가득하였고
>   언덕으로 가는 짧은 시간
>   아쉬운 미련도 아직 남아 있다
>
>   세월은 인생이란 삶을 열어

사는 동안 지는 해를 볼 수 없게 하였고
언덕을 오르고 보니
참 많은 꽃이 어우러져 살고 있다
　　　　　　　－「인생이란」 전문

유달산 입구 화단에 국화꽃이 피어 있습니다.

피지 못한 꽃과 상처 난 손끝이
맥없이 말라 갑니다

몇 송이의 꽃들은 계절풍은 피했지만
오가는 사람들이 가끔은
숨을 멈추게 합니다.

화단의 끝에서 숨죽이고 있다
몰래 핀 국화 뒤편에 목포역이 있습니다

끝자락 시린 가을이 손을 내밀고 있지요

서서히 말라 가는 국화꽃은 화단에서
고개를 떨구다
하얀 그림으로 남겠죠.
　　　　　　　－「가을 삽화」 전문

　그리움은 어느결에 가을 타고 겨울에 이르러 그 감정이 고조되는듯하다. 이 시인의 시속에 '가을'이라는 단어들이 자주 등장하게 되는데 이는 시간의 흐름이 석양에 걸쳐있다는 은

유적 표현일 수도 있다. 이 시인은 석양빛으로 채워진 그 여백 (가을의)에는 이직도 분주했던 구름과 짧은 시간과 아쉬운 미련들을 떠올리며 석양의 나이에 올라 가만히 뒤를 되돌아본다. 그리고는 그 모든 것들이 사실은 꽃처럼 함께 어우러져 살고 있었다는 것을 깨닫는 것이다. 뿐만 아니라 그는 「가을 삽화」에서 유달산 화단에 피어난 국화꽃을 보며 모든 만물에 부여되는 생의 꽃, '미완'과 '상처'와 '시듦'을 품에 안을 수 있기를 조용히 권하고 있다. 인생이란 누구나 그렇게 피어나 서서히 고개를 떨구며 시들어간다는 것을, 그러나 이 시인은 모든 생은 결코 사라지지는 것이 아니라 저마다 하나의 그림처럼 남겨진다는 사실을 잊지 말기를 당부하는 것이다. 어쩌면 지금 이 시인의 가슴에 '가을'이라는 쓸쓸함의 바람이 일고 있는지 모르겠다.

  그리하여 그는 '창밖은 지금 겨울이 내리고/ 창밖은 바람의 소리가 쌓이고/ 창밖은 눈이 쌓이고'하면 결국 '흩어지고 사라지는 얼굴과 이름'들을 지우지 못한 채, 허전하고 적요한 마음의 모퉁이에 그리움만 놓고 가는' 지극한 고독과 외로움의 시적 갈망은 도리어 뜨겁고 열렬한 시에 대한 집념과 몰입으로 그의 시 세계를 더욱 풍성하게 하리라는 확신을 갖게 하는 것이다.

    창밖은 지금 겨울이 내리고
    창밖은 바람의 소리가 쌓이고
    창밖은 눈이 쌓이고

> 손을 내밀면 닿을 듯
> 흩어지며 내려앉은 얼굴들
> 두 손으로 받혀 창문을 열면
> 사라지는 이름
>
> 겨울이 쌓인 거리에
> 바람은 하얀 여백을 채우고
> 모퉁이에서 휘돌다 지나간 자리에
> 그리움만 놓여 있습니다
>   -「겨울이 쌓이면」부분

이제까지 나는 이순동 시인의 여러 시를 통해서 이 시인의 가슴에 내재된 삶에 대한 의식과 감정을 살피는 일(감상 중심)에 주목하였다. 즉 삶은 어떤 기억(과거)과 연계하여 성장해 오는 것인지, 그리고 사람들은 어떻게 아픔과 상처를 극복하며 성숙해 가는지에 대하여, 그리고 삶에 대한 태도는 어떤 방식으로 표현되고 있는지 등에 대해서 살펴보기로 하였던 것이다. 따라서 시의 구성과 발상, 주제, 의식구조, 비유와 묘사 등의 기법에 대해서는 독자들의 몫으로 남겨두기로 했다. 그럼에도 좋은 시란 독자들의 공감과 감흥에 있다고 생각한다. 함축과 절제와 또는 참신한 아이디어나 멋진 비유가 있을지라도 고개가 끄덕여지지 않는 시란 조금 난감할 것이다. 부디 그동안 이 시인이 꾸준히 보여준바, 지금의 그 열정과 끊임없는 천착(穿鑿)으로 독자들의 가슴에 항상 깊은 감동을 전하는 건강하고 탄탄한 자기만의 시 세계를 더욱 활기차게 펼쳐 나아가기를 기원드린다.

끝으로, '나는 한 편의 시를 쓸 때／ 언어의 조각 몇 점과 낱말을 모아／ 고리로 엮어 수사로 만들어도／ 시가 되지 않았다／／ 딱딱한 단어와 살가운 낱말은／ 한 권의 시집처럼／ 입으로 오르내리는 논쟁의 불씨가 되고／ 수없이 의구심을 갔고／ 아무리 오랜 시간 공을 들여도／ 진한 맛이 안났다／／ 단어 속에 몇 겹의 낱말을 앉히고／ 숱한 조각의 시간을 조절하며／ 언어의 무게를 진하게 우려 내야／ 비로소 하나의 시(詩)가／ 맛을 냈다／／ 오늘도 식히고 데우기를 하면서／ 한 권의 시집에／ 나의 삶이 앉는다.(언어를 조각하다)'라는 이순동 시인의 말처럼 시집 『가을 삽화』에 피어난 가장 아름다운 생의 꽃, '미완'과 '상처'와 '시듦'의 무한한 여백을 떠올리며 제2시집을 세상에 내놓는 이순동 시인께 박수를 보낸다.

가을 삽화

1판 1쇄 인쇄일 | 2025년 6월 5일
1판 1쇄 발행일 | 2025년 6월 10일

지은이   이순동
펴낸이   신정희
펴낸곳   사의재
출판등록   2015년 11월 9일 제2015-000011호
주소   목포시 보리마당로 22번길 6
전화   010-2108-6562
이메일   dambak7@hanmail.net
© 이순동, 2025

ISBN 979-11-6716-109-3 03810

지은이와 출판사의 동의 없이 이 책의 내용 중 전체 또는 일부를 인용하거나 발췌하는 것을 금합니다.

이 책은 전남문화재단의 지원을 받아 발간되었습니다.

값 12,000원